AF349860

LETTRE

Du R. P. Général de la Congrégation des Prêtres de la Doctrine Chrétienne,

A TOUS LES SUPÉRIEURS DES MAISONS DE CETTE CONGRÉGATION.

ES RÉVÉRENDS PERES,

LA paix de Jesus-Christ soit avec vous. Le desir qui nous presse de voir la Congrégation dans un état florissant, & de vous aider suivant le devoir de notre Charge, à remplir les grandes obligations que vos Places vous imposent, nous a inspiré de vous écrire cette Lettre dans l'esprit de Jesus-Christ, & nous esperons de la Miséricorde divine que cet Esprit, qui dispose les cœurs, vous la fera recevoir avec plaisir & avec fruit. Pour nous servir de l'expression de Saint Jean *, nous ne vous écrivons pas comme à des personnes qui ne connoissent pas la vérité, mais comme à ceux qui en sont instruits, & qui comprennent que les Supérieurs des Communautés Ecclésiastiques ont beaucoup de devoirs à remplir pour conserver dans un état permanent d'édification ces asyles des vertus Chrétiennes & Sacerdotales, & les rendre des sources perpétuelles de lumiere & de bonne odeur pour l'Eglise. Notre but n'est donc pas de vous tracer avec ostentation le portrait de vos obligations; la chose seroit superflue & vaine; mais simplement d'exciter votre zèle à les remplir & de vous conjurer avec larmes d'y être persévéramment fidéles. C'est de cette fidélité que dépend le bon ordre de la Congrégation, & tout le bien que l'Eglise & l'Etat en attendent.

    Vous n'êtes, comme nous, en place, M. R. P. que pour bien peu de temps. Les bornes de votre administration sont fixées au court espace de trois ans. L'effet que doit produire en vous la pensée de la brieveté de votre gouvernement, c'est de vous faire imiter Jesus - Christ dans son ministere temporel, dont vous continuez les fonctions dans le Sacerdoce. Ce ministere n'a duré non plus que trois ans. Le Sauveur n'a fait qu'y passer; mais tous les momens de ce passage ont été marqués par quelque

* 1. Joan. c. 2. v. 21.

A

Act. c. 1. v. 38.   bien qu'il y a fait *, *qui pertránſiit benefaciendo*, eſt-il dit de lui dans les Actes des Apôtres. Propoſez-vous donc de ſuivre ce grand modéle. Quel ſujet de reproche & de condamnation pour vous, ſi vous ne le faiſiez pas, ſi vous ne laiſſiez après vos ſupériorités que les traces humiliantes d'une négligence coupable à l'égard du Spirituel ou du Temporel de vos Maiſons, & peut-être de tous les deux à la fois? Une malheureuſe expérience ne l'apprend que trop. Il paroît quelquefois dans les Communautés Eccléſiaſtiques des Supérieurs peu dignes de ce nom, qui ne ſçavent qu'être aſſis à la premiere place & jouir des privileges, dont elle eſt décorée, Supérieurs que le Prophéte caractériſe par ces paroles * : *ó Paſtor & Idolum !* & qui ſont par leur inattention, à l'égard des Communautés qu'ils gouvernent, ce qu'eſt la grêle aux fruits de la terre, ou la contagion dans un troupeau bien ſain. A Dieu ne plaiſe, M. R. P. que vous, ou nous, donnions lieu de nous regarder comme les fleaux de la Congrégation, lorſqu'on verra les effets de notre conduite, & que nous faſſions la matiere des gémiſſemens de ceux à qui nous céderons bien-tôt nos places ! Pour éviter ce malheur, ayons ſans ceſſe les yeux arrêtés ſur Jeſus-Chriſt pour remplir notre miniſtere, ainſi qu'il a rempli le ſien, pour faire à ſon exemple, tout le bien qui dépend de nous, ſuivant cet avis du Sage *, *quodcumque facere poteſt manus tua, inſtantèr operare.* ** *Non enim habebis jugiter poteſtatem.*

Zacar. c. 11. v. 17.

Ecclèſiaſt. c. 9. v. 10.   ** *Prov. c. 27. v. 24.*

Ce bien eſt de deux ſortes, M. R. P. l'un nous regarde perſonnellement, & l'autre regarde nos Freres, l'Egliſe, la Congrégation. Le premier conſiſte dans notre ſanctification, le ſecond dans le travail pour la ſanctification des autres.

Act. c. 1.   Il eſt dit de Jeſus-Chriſt, qu'il a fait, & enſuite qu'il a enſeigné *. *Cœpit Jeſus facere & docere.* Il a prêché la néceſſité de la pauvreté & du renoncement à ſoi-même; il a prêché la néceſſité de porter ſa croix, de marcher dans la voie étroite, de veiller & de prier ſans ceſſe, de mépriſer la vie, & d'être toujours prêt à la ſacrifier à Dieu ; mais avant qu'il annonçât ces céleſtes maximes, comme après qu'il les eût publiées, tous les yeux les voyoient en lui avec admiration. Il fut toujours pauvre, vivant tantôt du travail de ſes mains, & tantôt d'aumônes. Sans jamais ſe ſatisfaire lui-même il a toujours ſuivi la volonté de ſon Pere. Pendant tout le cours de ſa vie mortelle il a porté ſa croix. Il y eſt mort pour nous. Il n'eſt jamais ſorti de la voie dure & étroite dans laquelle il nous a appris à marcher. Il paſſoit les nuits en priere, & les jours dans la pénible fonction de prêcher dans le Temple, ou de courir dans la Judée après les brebis égarées de la Maiſon d'Iſraël. Dans la diſpoſition du cœur il faiſoit à tout moment le ſacrifice de ſa précieuſe vie, tellement que ſa mort ſur le Calvaire n'a été que le dernier acte & la conſommation de ce ſacrifice continué depuis l'inſtant de ſon Incarnation. Il a donc été un modéle parfait de toutes les vertus & la régle des hommes par ſes exemples, avant que de l'être par ſes Loix. Voilà, M. R. P. ce que nous avons d'abord à imiter en lui, c'eſt-à-dire, à pratiquer, comme lui, ce que nous devons enſeigner. C'eſt ce que faiſoit le grand Apôtre appellé à prêcher

l'Evangile parmi les Nations ; c'eſt pourquoi il crie avec confiance aux
Fidéles qu'il avoit convertis : ſoyez mes imitateurs , comme je le ſuis
moi-même de Jeſus-Chriſt : * *imitatores mei eſtote , ſicut & ego Chriſti.*   * *Cor. c. 11. v. 1.*
C'eſt auſſi ce que nous devons faire pour devenir de dignes Supérieurs.
Soyons Saints pour pouvoir former des Saints.

   Vous avez , M. R. P. à conduire & à édifier des Eccléſiaſtiques , dé-
voués tout comme vous à la pratique de la perfection enſeignée & ſuivie
par le Seigneur , à être à ſon exemple , pauvres , chaſtes , obéiſſans , me-
nant une vie dure aux ſens , faiſant toutes les fonctions du ſacré Miniſtere avec un déſintéreſſement parfait , ſans autre récompenſe en ce monde , que la nourriture , le vêtement & ce qu'exigent les néceſſités inévitables de cette vie , dans la ſeule vûe de la Couronne de juſtice pré-
parée dans le Ciel aux Miniſtres fidéles. Soyez donc tels que vous avez
promis d'être. Ne laiſſez remarquer en vous aucune infidélité à vos engagemens. Aimez la pauvreté , faites-en votre tréſor. Prêchez avec l'A-
pôtre * par votre conduite , que la piété qui ſe contente de ce qui ſuffit ,   * *1. Tim. c. 6. v. 6.*
eſt une grande richeſſe & l'unique qui ſoit digne d'être deſirée par les
Miniſtres d'un Dieu fait pauvre pour nous. Que vos mœurs ſoient ſi éloi-   *Sint mores ſine*
gnées de l'avarice , que vous ſoyez propres à donner de l'horreur de la   *avaritiâ. Heb. c.*
cupidité , qui eſt , ſelon l'Apôtre * , la racine de tous les maux , & la   *13. v. 5.*
voie qui conduit à la perte de la foi. Mépriſez les plaiſirs & tout ce qui   * *1. Tim. c. 6.*
flatte les ſens , afin que ſupérieurs à tous les attraits de la chair , vous   *v. 10.*
vous conſerviez dans une pureté parfaite d'eſprit & de cœur , requiſe
dans les Miniſtres des choſes ſaintes. Par votre exactitude à ſuivre nos
Conſtitutions & à exécuter tout ce qui émane des premiers Supérieurs
de l'Egliſe & de la Congrégation , faites voir que vous obéiſſez plus
volontiers que vous ne commandez , & que ſi vous êtes à la tête de vos
Freres , ce n'eſt pas par goût , mais par une ſuite de la Providence qui
vous a mis dans cette Place , non pour votre avantage propre , mais pour
celui des autres. Aimez la priere , faites-en vos délices. Le Juſte médi-
te nuit & jour la Loi du Seigneur. Que la ſeule néceſſité vous faſſe ab-
ſenter de l'Oraiſon mentale du matin & du ſoir. Tout Supérieur qui n'a
pas un commerce intime & aſſidu avec Dieu dans l'Oraiſon , n'a pas ſon
eſprit ; & ſans cet eſprit , quel bien peut-il faire ? Dans l'uſage de votre
autorité évitez , autant qu'il eſt poſſible , tout ce qui eſt capable de cho-
quer ; faites paroître une douceur qui gagne la confiance , une patience
que rien ne laſſe ; une humilité à l'épreuve de tout , qui ne dégénere
pas pourtant en foibleſſe , mais qui ſoit accompagnée de la fermeté né-
ceſſaire pour réſiſter au mal. *Solertèr intuendum eſt* , dit Saint Grégoire* ,   * *De curâ Paſt.*
ne , dùm immoderatiùs cuſtoditur virtus humilitatis , ſolvantur jura regi-   *2. p. c. 6.*
minis , & dùm prælatus quiſquis plus ſe , quàm decet , disjicit , ſubdito-
rum vitam ſtringere ſub diſciplinæ vinculo non poſſit. Ayez donc l'humilité dans le cœur , mais ſans préjudice d'une juſte ſévérité au dehors dans
les circonſtances qui l'exigent. * *Servanda eſt itaquè & in corde humilitas ,*   * *Ibid.*
& in opere diſciplina. Le Supérieur doit ne rien oublier pour ſe faire
aimer , non pour ſe complaire vainement dans un amour humain , mais

pour s'en fervir comme d'un moyen pour faire couler l'amour de Dieu dans les cœurs de ceux qu'il gouverne ; car il eſt difficile que celui qui n'eſt pas aimé, quelque bien qu'il parle, quelque vérité qu'il annonce, ſoit écouté volontiers, & qu'il perſuade perſonne. * *Rectores boni placere hominibus appetant, non ut ſe amari deſiderent, ſed ut dilectionem ſuam, quaſi quamdam viam faciant per quam corda audientium ad amorem conditoris introducant. Difficile quippe eſt, ut quamlibet rectè denuncians Prædicator, qui non diligitur, libentèr audiatur.* Néanmoins il eſt auſſi néceſſaire qu'il ſe faſſe craindre, pour réprimer par cette crainte le mal que la crainte des Jugemens de Dieu n'arrête pas. * *Tamen neceſſe eſt ut Rectores à ſubditis timeantur, quando ab eis Deum minimè timeri deprehendunt, ut humanâ ſaltem formidine metuant, qui divina judicia non formidant.* Vous vous attirerez l'amour, M. R. R. & vous inſpirerez la crainte, ſi vous vous montrez en tout irréprochables, ſi votre conduite eſt conſtamment & univerſellement réguliere, ſi tous vos diſcours ſont aſſaiſonnés du ſel de la Grace & de la diſcrétion, toujours propres à édifier, à éclairer, à conſoler, à porter au bien, jamais infectés du venin de la médiſance, de la vanité, de la légereté, de la témérité ; défauts blâmables dans toute perſonne, mais intolérables dans un Supérieur, à qui ils font perdre toute conſidération. Vous devez l'exemple de toutes les vertus, vous devez donc les avoir. Sans elles vous ne ſçauriez être agréables à Dieu, ni utiles à vos Freres ; en vain vous parleriez comme des Anges, ſi votre conduite ne répond à vos paroles, toutes vos exhortations ſeront ſans fruit. Ecoutez Saint Jerôme, qui vous crie à chacun en la perſonne de Nepotien : * *non confundant opera ſermonem tuum.* Prêtez l'oreille aux Leçons de Saint Grégoire, ce grand Maître dans l'art du gouvernement Chrétien. Il faut, dit ce Pape, que le Supérieur excelle dans ſa conduite, & qu'il montre par elle à ſes inférieurs la voie de la vie, parce que le Troupeau, qui ſuit la voix & les mœurs du Paſteur, marche plus aiſément par le chemin tracé par l'exemple, que par celui qui n'eſt indiqué que par la parole. * *Sit Rector operatione præcipuus, ut vitæ viam ſubditis vivendo denunciet, & Grex qui Paſtoris vocem, moreſque ſequitur meliùs per exempla, quàm per verba gradiatur.* Celui, continue le ſaint Docteur, qui eſt obligé par la néceſſité de ſa place d'enſeigner de grandes vérités, eſt engagé par cette même néceſſité de montrer en lui de grandes vertus. * *Qui enim loci ſui neceſſitate exigitur ſumma dicere, hâc eâdem neceſſitate compellitur ſumma monſtrare.* Montez, s'écrie le Prophéte *, ſur une haute montagne, vous qui annoncez l'Evangile à Sion : c'eſt-à-dire, élevez-vous à un haut dégré de vertu, d'où vous puiſſiez parler avec ſuccès à ceux que vous avez à inſtruire. Attendra-t'on cet effet d'un homme comme couché par terre par les foibleſſes qui le domineroient, qui ſeroit languiſſant dans la piété, ſans zèle pour le bon ordre, qui n'auroit qu'une idée courte & ſombre de la vertu Chrétienne & Eccléſiaſtique, & qui ne la feroit conſiſter que dans l'exemption des vices les plus révoltans, ou dans un cercle d'exercices pieux faits par maniere d'acquit, comptant pour rien la tiédeur, la ſtérilité des bonnes

[5]

œuvres, la lâcheté à croître en lumiere du côté de l'esprit, en charité
du côté du cœur, en activité pour l'accomplissement de tous ses devoirs.
Malheur à la Communauté gouvernée par un Supérieur de ce caractere.
Sous lui cette Communauté ne tarderoit pas de déchéoir, fut-elle dans
le meilleur état ; elle perdroit bientôt tout son lustre ; peut-être même
qu'à la fin elle tomberoit entiérement dans l'obscurité, & qu'elle
répandroit une odeur de mort, au lieu de l'odeur de vie que l'on res-
piroit en d'autres temps dans son sein. Le Saint - Esprit nous apprend
par la bouche du Sage la raison de cette décadence. Tel qu'est, dit-il,
le Gouverneur d'une Ville, tels en sont les Habitans : * *Qualis Rector*   * Ecclesiast. c.
est civitatis, tales & inhabitantes in eâ. La langueur de la tête produit   10. v. 2.
l'affoiblissement de tout le corps. Le mauvais exemple du Chef entraîne
la chûte des mœurs de ceux qu'il dirige. C'est pourquoi Saint Grégoire
observe que personne ne fait plus de mal dans l'Eglise que celui qui
portant un nom, ou tenant un rang qui exige la sainteté, vit d'une
maniere irréguliere ; aucun n'ose le reprendre, & sa corruption se ré-
pand malheureusement à la faveur des honneurs que l'on rend à cause
de sa Place à un homme livré à l'iniquité. * *Nemo quippe amplius in Ec-*   * De curâ. Past.
clesiâ nocet, quàm qui perversè agens, nomen vel ordinem sanctitatis habet.   2. p. c. 2.
Delinquentem namque hunc, nemo redarguere præsumit, & in exemplum cul-
pa vehementer extenditur, quando pro reverentiâ ordinis peccator honoratur.

   Il est donc indispensable d'exceller en vertu, & d'être Saint d'une
maniere marquée, pour être de dignes Supérieurs, & cela en joignant
l'instruction au bon exemple. Ces deux devoirs sont également pressans,
celui d'édifier & celui d'instruire. L'Apôtre le marque expressément dans
ses Leçons à Timothée. * D'abord, conservez-vous chaste, pur & sans   * 1. Tim. c. 4. v.
tache, lui dit-il, ne rendez votre jeunesse méprisable par aucun défaut   12.
essentiel, mais montrez-vous l'exemple des Fidéles dans les entretiens,
dans la maniere de converser avec le prochain, dans la charité, la foi,
la chasteté. Le même Apôtre ajoûte ; Appliquez-vous à la lecture, à l'exhortation, à l'instruction. * *Attende lectioni, exhortationi & doctrinæ.*   * Ibid.
Veillez tout à la fois sur vous-même & sur l'instruction des autres : *At-*
tende tibi & doctrinæ. Soyez fermes dans ces exercices. En agissant ainsi
vous vous sauverez & ceux qui vous écoutent : *Hoc enim faciens, & te-*
ipsum salvum facies, & eos qui te audiunt. En suivant ces préceptes de S.
Paul, M. R. P. au zèle de votre sanctification joignez celui de la sanctification de vos Freres. Instruisez beaucoup. Outre l'Oraison mentale du
matin & du soir, donnez à vos Communautés toutes les semaines, ou
du moins tous les quinze jours, une Conférence de piété, un jour de
recueillement tous les mois, & une retraite de huit jours chaque année.
Tous ces exercices sagement prescrits par nos Réglemens, qui sont en
vigueur avec quelque différence dans toutes les Communautés Ecclésiastiques, sont absolument nécessaires pour faire regner parmi nous l'esprit de piété, pour nous rendre au dehors & au dedans la bonne odeur
de Jesus-Christ, pour entretenir & fortifier dans nos cœurs la justice Chrétienne & la grace Sacerdotale, pour nous soutenir contre la tentation

A iij

de nous relâcher dans nos saintes fonctions , & de les faire sans dévotion & par pure routine ; ce qui arrive pour l'ordinaire à tous les Prêtres, qui ne rentrent pas fréquemment en eux-mêmes ; nécessaires enfin, pour préserver nos jeunes Clercs de la dissipation , qu'entraîne l'emploi d'enseigner les Lettres humaines, & pour faire croître en eux les dispositions & les vertus qui seules peuvent les rendre dignes d'être élevés au Sacerdoce. C'est donc une nécessité que vous donniez votre attention à tous ces exercices de piété. En les faisant , développez successivement les devoirs généraux du Christianisme , les obligations particulieres des Ecclésiastiques , Prêtres ou Clercs , & les engagemens propres aux Doctrinaires. L'amour de Dieu, qui applique le cœur à la pratique de tous ses Commandemens ; fait le fond du Chrétien. Un zele éclairé & infatigable , pur , exempt de vanité & d'avarice dans les fonctions sacrées forme le bon Prêtre , & la fermeté à tenir ses promesses fait le véritable Doctrinaire. Des discours étudiés & préparés avec art ne sont pas nécessaires pour développer ces vérités. Il suffit de rapporter les textes de l'Ecriture qui les contiennent, & d'accompagner ces textes de réflexions vives & solides, que la Foi & l'Esprit de Dieu attiré par la priere, vous suggéreront.

Que personne ne dise qu'il faut des instructions aux ignorans & aux gens mal instruits, mais qu'elles sont superflues à l'égard d'une Communauté d'Ecclésiastiques appliqués par état à l'étude & à l'enseignement des maximes de la Religion ; car suffit-il de connoître la vérité pour la mettre en pratique ? Ny a-t'il pas loin de l'esprit au cœur ? L'un n'est-il pas souvent brillant de lumiere , tandis que l'autre demeure livré aux ténébres de la corruption & du péché ? Si cela n'arrivoit jamais, l'Apôtre feroit-il ce reproche à des Docteurs déréglés : Vous qui enseignez les autres, vous ne vous instruisez pas vous-mêmes ? * *Qui ergo alium doces, teipsum non doces ?* Dieu se plaindroit-il par la bouche du Prophéte que des Prêtres qui ont sa Loi entre les mains, & qui l'expliquent aux autres, ne le connoissent pas eux-mêmes & tombent dans la prévarication à son égard : * *Tenentes Legem nescierunt me , & Pastores prævaricati sunt in me ?* Enfin Jesus-Christ mettroit-il ces paroles pleines de terreur dans la bouche de plusieurs de ses Ministres au jour des vengeances : Seigneur, Seigneur, n'avons-nous pas prophétisé en votre Nom, annoncé vos Oracles , chassé les Démons & fait de grands prodiges par votre autorité : ausquels il répondra dans sa colere : Je ne vous ai jamis connu , c'est-à-dire, jamais approuvé dans votre conduite, selon laquelle vous parliez bien , & vous agissiez mal. Eloignez-vous de moi, ouvriers d'iniquité , vous qui avez profané les fonctions de mon Sacerdoce par des mœurs dépravées : * *Nunquàm novi vos : discedite à me , qui operamini iniquitatem ?* Il n'est donc que trop constant que ceux qui instruisent les autres s'oublient souvent eux-mêmes, & qu'ils négligent de se considerer dans le miroir de la parole de Dieu qu'ils présentent aux Fidéles ; qu'il est par conséquent à propos de leur donner occasion de rentrer en eux-mêmes , & de se confronter avec les vérités qu'ils enseignent, pour examiner s'ils en font leur Régle , & s'ils ne les deshonorent pas par des dispositions

* *Rom. c. 2. v. 21.*

* *Jer. c. 2. v. 8.*

* *Math. c. 7. v. 22.*

intérieures de vanité ou de cupidité, & par une conduite toute opposée
à ce qu'ils annoncent. C'est pourquoi l'Apôtre, quelque persuadé qu'il
fût de la piété de Timothée, & de la connoissance qu'il avoit des Ecritures, dont il avoit fait sa nourriture dès l'enfance *, ne laisse pas de
lui mettre devant les yeux les devoirs les plus communs, qu'il pouvoit
le moins ignorer, tels que ceux de ne pas aimer les Fables *, de fuir
les passions des jeunes gens **, d'éviter les liaisons avec des personnes
du sexe, capables de ternir la pureté de ses mœurs ou l'éclat de sa ré-
putation †. C'est donc une vérité certaine, fondée sur les divines Ecritures, que non-seulement les Ignorans, mais les Sçavans mêmes & les
Saints, fussent-ils des Timothées & des hommes Apostoliques, ont be-
soin, chacun en leur maniere, d'être excités par des instructions particulieres, les uns à apprendre des vérités qu'ils ne sçavent pas, les autres
à aimer & pratiquer sans relâche celles, qu'ils connoissent.

* 2. Tim. c. 3. v. 15.
* 1. Tim. c. 4. v. 7.
** 2. Tim. c. 2. v. 22.
† 1. Tim. c. 5. v. 11.

Par cette considération, M. R. P. vous devez donner exactement ces
sortes d'Instructions à vos Communautés, ayant en même temps à cœur
les exercices qui regardent la science de la Religion. Nous sommes Prêtres, appellés à prêcher la parole de Dieu, à diriger les consciences, à
conduire des Séminaires, à gouverner des Paroisses, à faire des Missions.
Tous ces Emplois importans, dont la Congrégation est chargée, exigent
nécessairement que la science de la Religion y soit abondante, & que
nous soyons versés dans la connoissance de l'Ecriture, des SS. Peres, des
Canons & de l'Histoire de l'Eglise. Une érudition bornée à quelque Théologie Scholastique, à quelque Traité de Morale, à la lecture des Sermo-
naires, ne nous suffit pas. Cette science courte & superficielle n'est propre qu'à faire de faux Sçavans, des téméraires, lesquels faute de lumiere, appellent souvent le bien mal, & le mal bien; des aveugles qui ne
connoissent qu'à demi la voie droite, & qui par-là sont exposés au dan-
ger de s'égarer, & de faire égarer ceux qu'ils conduisent. En matiere de
Religion & dans les augustes fonctions du sacré Ministere, rien de plus
à craindre qu'un demi-Sçavant, qui croit tout sçavoir, qui décide de
tout avec hardiesse, qui n'est arrêté par aucune difficulté dans les cas les
plus embarrassans; c'est de lui qu'il est écrit : * Stultus transilit & con-
fidit : L'Insensé passe outre dans le péril, il se perd & il est plein de
confiance, toujours content de lui-même, ne connoissant ni ses chûtes,
ni ses égaremens. Pour éviter d'être du nombre de ces Insensés, nous
devons nous remplir de tous les grands principes de la Théologie & de
la Morale en les puisant dans leurs sources, nous gardant bien de nous con-
tenter de ce que nous en trouvons dans des ruisseaux éloignés où ces principes peuvent être affoiblis, altérés, corrompus; mais pour cela il est nécessaire non-seulement de prier beaucoup, afin que le Dieu des Sciences nous
éclaire, mais encore de nous appliquer fortement & de ne négliger aucun
des exercices propres à faire fleurir parmi nous la Science Ecclésiastique.

* Prov. c. 14. c. 16.

Selon l'ordre établi parmi nous, chacun vaque à l'étude en son particulier dans tous les intervalles, que lui laissent ses emplois. L'on donne
aux jeunes Clercs des Professeurs pour leur expliquer la Théologie, & les

mettre en voïe d'étudier avec succès le reste de leur vie; mais à l'exemple de ce qui se pratique dans presque tous les Diocèses, & dans tous les Corps Ecclésiastiques bien réglés, nos Constitutions nous prescrivent encore des Conférences sur l'Ecriture Sainte & la Morale, qui doivent se faire chaque semaine. Quels fruits ne produisent pas ces Conférences ? Quelles lumieres ne répandent-elles pas dans les lieux où elles se font avec application ? Quels avantages n'en avons-nous pas retiré nous-mêmes ? Les grandes vérités de la Religion y sont mises dans tout leur jour. Les doutes y sont éclaircis. Dans la contrariété de sentimens l'on fait de part & d'autre des efforts pour découvrir le vrai, & l'on parvient pour l'ordinaire à le faire paroître. Du choc des opinions dans les matieres obscures il se forme un éclat de lumieres qui les développe & qui montre à quoi il faut s'en tenir. C'est d'ailleurs un moyen d'apprendre sans qu'il en coûte. Chacun profite des études d'autrui. Nous avons vû nombre de jeunes gens s'y former, y acquerir des ouvertures pour l'étude des matieres de la Religion, & s'y mettre dans peu de tems en état d'en parler eux-mêmes d'une maniere louable. Ces Conférences si utiles ne doivent donc pas être négligées. Nous apprenons qu'elles se font avec succès dans la Province de Toulouse, & dans plusieurs des Maisons de celle d'Avignon, esperant d'être instruits qu'elles ont lieu dans toutes les autres, & qu'aucun de vous, M. R. P. ne se dispense de les tenir. Le Public est redevable à ces Conférences de l'excellent Ouvrage du Pere Semelier, de notre Province de Paris, sur la matiere du Mariage & de l'Usure, & cet exemple domestique est une preuve que les Conférences sont un grand moyen de former parmi nous de véritables Sçavans.

Les principes, sur lesquels tout doit se décider dans les Conférences, sont l'Ecriture Sainte, la Tradition consignée dans les Ecrits des Saints Peres, la doctrine des Conciles, les Décrets du Saint Siége, enfin l'autorité toujours vivante de l'Eglise, seule interpréte infaillible du sens des divines Ecritures, seule dépositaire des Traditions divines; qu'il faut par conséquent toujours écouter toutes les fois qu'elle fait entendre sa voix par celle du successeur de Saint Pierre & de l'unanimité morale de ses premiers Pasteurs. Il est par conséquent à propos M. R. P. afin que vos Conférences se fassent avec fruit, que vous exhortiez beaucoup à la lecture assidue de l'Ecriture Sainte, qui est par excellence le Livre des Ecclésiastiques; à celle des Conciles, sur-tout de celui de Trente, qui est comme un abbregé de tous les Conciles précédens par la variété des matieres sur la foi & les mœurs, qui y ont été décidées. Donnez vous-mêmes l'exemple de cette lecture assidue. Inspirez du goût pour l'étude des Peres. Faites lire à propos à vos jeunes Clercs, les Epîtres choisies de Saint Jérôme ou de Saint Cyprien, le Traité de ce dernier *de unitate Ecclesiæ*, celui de Tertullien *de præscriptionibus Hæreticorum*, l'avertissement, ou *Commonitorium* de Vincent de Lerins; les Livres de Saint Augustin *de verâ Religione, de Doctrinâ Christianâ, de utilitate credendi*, le Traité de Saint Bernard *de præcepto & dispensatione*. Lorsque dans le cours de leurs premieres années ils se seront remplis de l'histoire de l'ancien Testament , & qu'ils auront une connoissance suffisante de l'Evangile & des Epîtres des Apôtres , acquise par une lecture journalière, & par l'explication qu'ils en auront donnée eux-mêmes , suivant leur portée devant la Communauté , chacun à son tour tous les Dimanches , ils pourront suivant vos conseils parcourir successivement quelques-uns des Ouvrages des Peres que nous avons indiqués. Ces Ouvrages pris en particulier sont courts , faciles , lumineux , présentant les grands principes de la Foi & de la Morale Chrétienne. Ces grands principes ne sçauroient être trop-tôt inculqués dans l'esprit des jeunes Doctrinaires , pour les affermir contre les fausses maximes , qui ont cours dans le monde , pour leur mettre en main des armes puissantes contre une affreuse philosophie , que le libertinage des mœurs a enfantée , & que ce même libertinage soutient , qui s'efforce de dégrader la Religion , & de réduire l'homme tout entier à la miserable condition des bêtes , dans qui tout meurt. Losque nos jeunes Clercs se seront bien pénétrés de tous les principes de notre divine Religion , dans la lecture de l'Ecriture & des Peres , & qu'ils auront goûté ce qu'ils ont de vérité , de beauté , de solidité ; cette détestable philosophie venant à se montrer à eux , ils en auront horreur : ils s'écrieront avec le Prophéte : les Méchans m'ont raconté leurs fables , mais ces fables , ô mon Dieu , que sont-elles en comparaison de votre Loi ? * *Narraverunt mihi iniqui fabulationes , sed non ut lex tua ?* Et avec l'Apôtre : le fondement que Dieu a posé , demeure ferme. Nul ne sçauroit le renverser. Ce fondement a pour sceau cette parole : le Seigneur connoît ceux qui sont à lui. Il distingue dans sa maison les vases d'honneur & les vases d'opprobre. Que celui, qui invoque le nom du Seigneur , s'éloigne de l'iniquité : * *Firmum fundamentum Dei stat , habens signaculum hoc: cognovit Dominus , qui sunt ejus , & discedat ab iniquitate omnis , qui nominat nomen Domini.*

* Ps. 118.

* 2. Tim. c. 2. v. 19.

L'étude de la Religion , M. R. P. la plus importante , la plus nécessaire de toutes , n'est pas cependant la seule que vous ayez à faire fleurir. Vous devez aussi votre attention à celles des Lettres humaines. Nous avons un grand nombre de Colléges. Ceux d'entre vous qui sont Supérieurs de ces Colléges doivent avoir à cœur que l'émulation y régne , que tous les Professeurs y fassent leur devoir avec exactitude , qu'ils s'appliquent avec ardeur à l'étude & à l'enseignement des langues Latine & Grecque ; que les trois derniers Régens ne manquent pas de faire devant la Communauté les essais nécessaires pour les former , pour connoître leur capacité , pour avoir des assurances qu'ils étudient , & qu'ils enseignent méthodiquement ; que les Professeurs d'Humanité & de Réthorique se distinguent par des piéces de Poësie & d'Eloquence , ou par des Exercices litteraires ; & les Professeurs de Philosophie & de Théologie par Théses publiques , dans lesquelles nous vous chargeons de veiller avec soin , qu'il ne se glisse aucune position qui ne soit conforme aux sentimens communément reçus dans les Ecoles.

Catholiques. La jeuneſſe de la Congrégation eſt nombreuſe, brillante & pleine d'eſprit. Elle a l'honneur à cœur. Gardez - vous donc bien de laiſſer ralentir l'ardeur de cette précieuſe jeuneſſe. Animez-la au contraire à mettre en œuvre tous ſes talens, afin de procurer, autant qu'il eſt poſſible, à tous nos Colléges le brillant de pluſieurs d'entr'eux, qui ſont ſi recommandables dans le Public par l'ordre & l'émulation qui y régnent, & par le ſuccès des Exercices en tout genre de litterature qui s'y font tous les ans.

Mais afin que les Etudes humaines tournent à la gloire de Dieu & à la ſanctification de tous ceux, Profeſſeurs ou Ecoliers, qui s'y appliquent, il eſt néceſſaire que les Profeſſeurs ſanctifient leurs travaux littéraires par la piété, par la célébration aſſidue du ſaint Sacrifice de la Meſſe, ou la digne fréquentation de la Sainte Table, ſuivant qu'ils ſont Prêtres, ou ſimples Clercs, & que l'on inſpire le même goût de Religion aux Eléves, en les inſtruiſant avec ſoin de tout ce qui regarde la pureté des mœurs & le culte divin, & leur donnant tous les ans pendant quatre ou cinq jours les Exercices ſpirituels de la retraite, pour leur faire mieux gouter les divines maximes du Chriſtianiſme. Ce ſeroit un grand malheur pour ces derniers de n'être élevés que comme autrefois dans les anciennes Académies de Rome & d'Athènes, dans l'amour des connoiſſances profanes & dans l'oubli de celle de Dieu ; dans l'eſtime des Langues, de la Poëſie, de l'Eloquence, de la Philoſophie, & de leur laiſſer ignorer Jeſus-Chriſt, ſes Myſteres, & l'art de ſe ſauver, ou de ne leur en donner qu'une idée froide & ſuperficielle, qui les laiſſeroit languiſſans à l'égard de leurs devoirs envers Dieu par rapport au ſalut, unique affaire que nous ayons dans le fond en ce monde.

Pour remplir l'objet que nous vous propoſons, M. R. P. faites aller de pair dans vos Communautés les Exercices de piété & ceux de littérature ; tous ceux dont nous avons parlé d'abord, qui regardent la Religion, & les autres, dont il s'agit maintenant, qui roulent ſur les Sciences humaines, afin que la piété qui eſt utile à tout, comme l'enſeigne l'Apôtre *, releve, ſanctifie, conſacre toutes les Etudes. En agiſſant ainſi, vous ferez la gloire de la Congrégation ; vous ferez croître dans ſon ſein les richeſſes du ſalut, qui ſont la ſageſſe & la ſcience. Vous la maintiendrez dans la poſſeſſion du tréſor ineſtimable de la crainte de Dieu, dont parle le Prophéte : * *Divitiæ ſalutis, ſapientia & ſcientia : timor Domini ipſe eſt Theſaurus ejus.* Il continuera de ſe former parmi nous des Sujets, tels que les demande le ſervice de Dieu & de l'Eglife, & que Saint Auguſtin caracteriſe par ces paroles : *piè ſcientes, & ſcientèr pii ;* des dignes Miniſtres recommandables par la piété & la doctrine, qui édifieront par leur vie & brilleront par leur ſçavoir dans les Ecoles & les Chaires Chrétiennes.

Que la gloire de procurer un ſi grand bien vous excite donc, M. R. P. & vous inſpire de vous donner avec zèle & ſageſſe tous les mouvemens néceſſaires pour y parvenir. Vous êtes l'ame de vos Communautés. C'eſt donc à vous à leur donner le mouvement & l'action. Une

* 1. *Tim. c.* 4. *v. 8.*

* *Iſ. c* 33. *v.* 6.

ame lâche & pareffeufe néglige fon corps, le laiffe tomber dans la langueur, & y tombe elle-même avec lui. Au contraire un efprit noble, grand, élevé foigne le corps qu'il anime, & en applique tous les membres aux fonctions aufquelles ils font deftinés. C'eft ce que vous devez être : c'eft ce que vous avez à faire.

. Que les Exercices qui regardent les Sciences & la Piété, n'emportent pas cependant toute votre attention. Il faut accomplir toute juftice. Vous en devez une partie au temporel de vos Maifons. Sans biens ces Maifons ne fçauroient fe foutenir. Il y a des Supérieurs qui donnent dans des défauts oppofés. Les uns ne fçavent s'appliquer, qu'à ce qui appartient à la piété & à l'étude, & négligent abfolument le foin des biens terreftres, ne confidérant pas qu'il n'y aura ni piété, ni étude, s'il n'y a pas de quoi fournir aux befoins de ceux qui les cultivent. D'autres fe livrent à l'adminiftration des chofes extérieures jufqu'à oublier leur intérieur & la fanctification de leurs freres. Il faut éviter également ces deux défauts. Le Supérieur, dit le grand Pape, dont nous continuons de vous préfenter les maximes, dans l'application qu'il donne au temporel, ne doit pas perdre de vûe fa fanctification & celle de fes freres ; ni dans l'attention qu'il a pour les chofes fprituelles, oublier le foin qu'il doit au temporel ; de peur que s'il fe livre totalement aux chofes extérieures, il ne ruine le fpirituel, ou que s'il n'a d'attention qu'au fpirituel, il ne fe mette hors d'état de fecourir fes freres dans leurs néceffités corporelles.* *Sit Rector internorum curam in exteriorum occupatione non minuens ; exteriorum providentiam in internorum occupatione non relinquens ; ne folis exterioribus deditus ab intimis corruat, aut folis interioribus occupatus, quæ foris debet, proximis non impendat.* Pour vous éloigner de ces deux écueils, M. R. P. foyez fermes à foutenir tous les Exercices dont nous avons parlé. Veillez en même-tems fur l'état du temporel de vos Maifons. Ayez à cœur le bien commun, moins par rapport à vous, que par rapport à vos freres. Dieu vous préferve de reffembler à ces Eccléfiaftiques, dont parle Saint Paul en ces termes : * *Omnes quæ fua funt, quærunt ;* qui fe recherchent en tout eux-mêmes ; qui croyent que tout va bien, pourvû qu'ils foient en leur particulier dans l'abondance ; qui comptent pour rien les néceffités communes, quoiqu'ils foient chargés d'y pourvoir. Nos Maifons ne font pas riches. Les revenus y font médiocres. Une bonne adminiftration, une fage & conftante œconomie font donc néceffaires pour fuppléer à ce qu'il peut y avoir de court dans cette médiocrité, & pour en tirer ce qu'éxigent les befoins d'un chacun, les réparations inévitables, & l'exercice de la charité envers les Pauvres. La bonne adminiftration aura lieu dans vos Maifons, & de cette bonne adminiftration naîtra une honnête abondance, fi vous agiffez dans un concert parfait avec vos Syndics, & que vous trouviez de la coopération de la part de tous les Prêtres qui font dans vos Communautés. Les divifions ruinent les Maifons les plus floriffantes. L'union au contraire releve celles qui font dans le plus mauvais état. Le frere qui eft aidé par le frere, eft

* S. Greg. de curâ Paft. 2. p. c. 7.

* Philip. c. 2. v. 21.

Prov. c. 18. v. 19. comme une Ville forte *, dit le Saint-Esprit. Leurs délibérations prises & exécutées avec un sage concert, sont aussi fermes que les barres de fer des portes des Villes. *Frater, qui adjuvatur à fratre, quasi civitas firma, & judicia ejus, quasi vectes urbium.*

Pour affermir le concert dans vos Communautés, M. R. P. ne cessez de méditer, & de faire retentir aux oreilles de vos freres ces belles paroles de l'Apôtre : *Rom. c. 14. v. 19.* * *quæ pacis sunt, sectemur, & quæ ædificationis sunt, invicem custodiamus ;* Et encore : *Rom. c. 12. v. 9.* * *Dilectio sine simulatione, odientes malum, adhærentes bono : caritate Fraternitatis invicem diligentes : honore invicem prævenientes : sollicitudine non pigri : Spiritu ferventes : Domino servientes.* Enfin, le précepte de Jesus-Christ *Joan. c. 13. v. 34.* * de nous aimer les uns les autres de la même maniere qu'il nous a aimés : précepte sans l'accomplissement duquel nous ne sçaurions être reconnus pour ses Disciples. *Ibid.* * *In hoc cognoscent omnes quia Discipuli mei estis, si dilectionem habueritis ad invicem.* Si vous appercevez jamais parmi vous quelque semence de zizanie, hâtez-vous de l'arracher. Criez avec Saint Paul : si vous vous mordez, si vous vous mangez les uns les autres, prenez garde que vous ne travailliez à votre ruine commune : *Ad Gal c. 5. v. 15.* * *Quod si invicem mordetis & comeditis, videte ne ab invicem consumamini.* Excitez-vous vousmêmes, & exhortez les autres à se dépouiller de toutes les passions qui sont les sources ordinaires des brouilleries, en disant : *Gal. c. 5. v. 26.* * *Non efficiamur inanis gloriæ cupidi, invicem provocantes, invicem invidentes :* Ne nous laissons pas aller à la vaine gloire, nous piquant les uns les autres, & étant envieux les uns des autres. Faisons au contraire honneur à la Priére par laquelle l'Apôtre dans les chaînes nous conjure en la personne des Ephésiens *Eph. c. 4. v. 1.* *, de nous conduire d'une maniere digne de l'état auquel nous avons été appellés, pratiquant en toutes choses l'humilité, la douceur, la patience ; nous supportant les uns les autres avec charité, & travaillant avec soin à conserver l'unité d'un même esprit par le lien de la paix : *Solliciti servare unitatem spiritûs in vinculo pacis,* pénétrés de cette considération, qu'il n'y a parmi nous, qu'un corps, qu'un esprit, comme qu'il n'y a qu'une espérance, à laquelle nous sommes tous appellés ; qu'il n'y a qu'un Seigneur, qu'une Foi, qu'un Baptême, & enfin qu'un Dieu pere de tous, qui est au-dessus de tous, qui étend sa providence sur tous, qui réside en nous tous, qui exige, comme Jesus-Christ nous l'enseigne *Joan. c. 17. v. 21.* *, que nous nous rendions tous, par la charité mutuelle, les imitateurs de l'unité de son essence dans la Trinité de ses adorables Personnes.

Où regnera, M. R. P. l'unité de l'esprit & du cœur, si ce n'est dans les Communautés Ecclésiastiques, parmi les Disciples & les Ministres de l'Evangile ? C'est-là où l'on doit trouver les Justes qui vivent de la Foi, qui sont plus dans le Ciel par leur desir, que sur la terre par le poids de leur corps, qui méprisent souverainement toutes les choses pour lesquelles les hommes prennent les armes les uns contre les autres, qui forment tous ensemble une Société aimable, où chacun est content de sa place, où réside une souveraine paix, la tranquillité de l'Ordre : * *Summa pax, tranquillitas Ordinis ;* où l'on voit un concert admirable de l'autorité avec l'obéiſſance , & de l'obéiſſance avec l'autorité : *Ordinata imperandi atque obediendi concordia cohabitantium ;* d'où réſulte une image , une ébauche de la paix de la Cité céleſte, après laquelle nous ſoupirons , & que Saint Auguſtin décrit en ces termes : **Pax cœleſtis civitatis ordinatiſſima & concordiſſima Societas fruendi Deo , & invicem in Deo.* L'on commence en effet de jouir de Dieu en commun par la Foi qui le fait habiter dans les cœurs , & de jouir en Dieu de ſes freres par la joie que l'on reſſent des dons de la Grace , & de tous les avantages qu'on leur voit.

  Notre Congrégation M. R. P. fait partie d'une plus grande Société , de cette Société répandue dans toute la terre formée de la main de Dieu par la prédication de l'Evangile , c'eſt-dire , de l'Egliſe. Il faut donc que la paix , la tranquillité de l'Ordre , qui doit regner parmi nous , ſerve à la paix , à la tranquillité de l'Egliſe & quadre avec elle : * *Quia omnis pars ,* dit le même Saint Auguſtin , *ad univerſi , cujus eſt pars , integritatem refertur , ſatis apparet eſſe conſequens , ut ad pacem civicam pax domeſtica referatur , id eſt , ut ordinata imperandi , obediendique concordia cohabitantium referatur ad ordinatam imperandi , obediendique concordiam civium.* Inculquez cette vérité eſſentielle. Faites-la bien ſentir , afin que tous nos freres s'affermiſſent non-ſeulement dans la concorde des Enfans de la même Maiſon , mais encore dans la concorde des Citoyens de la Ville Sainte , de l'Egliſe , dont nous faiſons tous partie , & qu'ils donnent en toute occaſion l'exemple de l'obéiſſance ſincere qui eſt dûe à ſes loix , ſoit celles qui réglent la Foi , & le langage de la Foi , ſoit celles qui reglent la diſcipline & les mœurs.

  L'amour de la paix & de l'unité , ſur lequel nous inſiſtons ſi fort , emporte non-ſeulement l'affection mutuelle qui doit nous lier entre nous , & la ſoumiſſion inviolable à l'égard des premiers Supérieurs de l'Egliſe , mais encore l'eſtime , la conſideration pour tous les Paſteurs du ſecond Ordre , & pour leurs Coopérateurs dans le ſacré Miniſtere. Nous vous recommandons en conſéquence , M. R. P. & nous vous prions de le recommander à tous les nôtres , de donner des marques d'eſtime à Meſſieurs les Curés , ſur les Paroiſſes deſquels vous travaillez , & aux Supérieurs des Communautés Eccléſiaſtiques , Séculieres ou Régulieres , qui ſont dans les Villes où vous êtes. Vivez en bonne intelligence avec eux tous. Cette bonne intelligence entre les Ouvriers Evangéliques eſt abſolument néceſſaire pour l'édification des Fidéles , pour le ſervice de l'Egliſe , pour la conſolation des premiers Paſteurs , & pour le ſuccès de la guerre que nous ſoutenons ſous leur autorité contre les ennemis du ſalut. Comportez-vous donc de façon que chacun de vous puiſſe dire dans la vérité avec l'Apôtre : En toutes choſes je tâche de plaire à tous , ne cherchant point ce qui m'eſt utile , mais ce qui l'eſt à pluſieurs , afin qu'ils ſoient ſauvés : * *Ego per omnia omnibus placeo , non quærens quod mihi utile eſt , ſed quod multis , ut ſalvi fiant.*

L'objet continuel de nos vœux, M. R. P. & des humbles priéres, que nous ne ceſſons d'offrir journellement au Dieu des Miſéricordes, eſt que vous exécutiez fidélement tout ce que nous venons de vous recommander dans cette Lettre paternelle, & que vous ne vous laſſiez pas de travailler à cette œuvre importante. Prêtons, vous & nous, des oreilles dociles à cette belle exhortation de l'Apôtre : * *Bonum autem facientes non deficiamus : tempore enim ſuo metemus non deficientes.* Le tems de la moiſſon, c'eſt-à-dire, de notre mort approche. Ce tems arrivé, quelle joie pour nous de recueillir le fruit de nos bonnes œuvres, la récompenſe de notre fidélité à remplir les pénibles fonctions de nos emplois. L'eſpérance de cette joie ineffable doit vous ſoutenir au milieu des fatigues, des embarras, des ſollicitudes qui ſont inſéparables de vos Places. Vous êtes pleins de zéle & de religion. C'eſt ce qui nous donne une juſte confiance que vous faites, & que vous continuerez de faire ſans relâche tout ce que nous deſirons pour rendre notre Congrégation la plus utile qu'il eſt poſſible à l'Egliſe & à l'Etat. Nous ſerons toujours prêts à vous aider à lever les difficultés que vous pouvez rencontrer. Nous ne ſommes en place que pour favoriſer tout le bien, qui doit ſe faire parmi nous. Suivant la belle doctrine de Saint Auguſtin, dans la maiſon du Juſte, qui vit de la Foi & qui eſt encore en pélerinage loin de la Patrie céleſte, ceux qui commandent, ſervent ceux auſquels ils ſemblent commander : * *In domo Juſti viventis ex fide, & adhuc ab illa cæleſti civitate peregrinantis, etiam qui imperant, ſerviunt eis, quibus videntur imperare.* Car ils ne commandent pas par la paſſion de dominer, mais par l'obligation d'être utiles, ils ne commandent pas par l'orgueil qui porte à faire le maître, mais par un amour compâtiſſant, qui inſpire de pourvoir aux beſoins de ſes freres ; * *Neque enim dominandi cupiditate imperant, ſed officio conſulendi, neque principandi ſuperbiâ, ſed providendi miſericordiâ.* Notre Congrégation eſt l'une de ces Maiſons du Juſte, dont parle Saint Auguſtin, ce qui fait que, placés à la tête de cette Congrégation, nous nous regardons comme le Serviteur de ceux auſquels il ſemble que nous commandons, pour procurer leur avantage, pour les exciter à s'avancer dans la vertu, & à ſe rendre dignes par l'accompliſſement de leurs obligations, de parvenir au ſouverain Bien, à la Patrie celeſte, dans laquelle n'entre aucune iniquité qui ait beſoin d'être réprimée, d'où toute puiſſance humaine eſt bannie, parce qu'elle y ſeroit inutile, où Dieu eſt Tout en tous, comme l'enſeigne le même Saint Docteur *.

Nous vous conjurons en finiſſant, M. R. P. d'unir ſans ceſſe vos prieres aux nôtres, afin d'obtenir la grace de marcher tous conſtamment d'une maniere digne de Dieu & de la vocation dont il nous a honoré.

DONNE' à Paris dans notre Maiſon de Saint Charles, le 25 Juin de l'année 1751.

ANTOINE SURET, *Prêtre, Supérieur Général de la Congrégation de la Doctrine Chrétienne.*

---

* *Gal. c. 6. v. 9.*

* *De civ. Dei l. 19. c. 14*

* *Ibid.*

* *De civ. Dei l. 19. c. 15.*

APPROBATION.

J'AI lû par ordre de M. le Lieutenant Général de Police une *Lettre du R. P. Gé-néral de la Congrégation des Prêtres de la Doctrine Chrétienne*, *à tous les Supérieurs des Maisons de cette Congrégation ;* dans laquelle je n'ai rien trouvé que de très-pieux & de très-édifiant. Donné à Paris ce 13 Juillet 1751.

L'ABBE' LEROUGE.

Vû l'Approbation, permis d'imprimer, à la charge d'enregiſtrement à la Chambre Syndicale. Ce 17 Juillet 1751. BERRYER.

Regiſtré ſur le Regiſtre de la Communauté des Libraires & Imprimeurs de Paris. Ce 27 Juillet 1751. LE GRAS, Syndic.

A PARIS, chez CLAUDE SIMON, pere, Imprimeur de Mgr l'Archevêque, rue des Maſſons. 1751.